EUSTACHE

DE ST-PIERRE

OU

le dévouement des six Bourgeois de Calais

SCÈNE HISTORIQUE

PAR

Pierre DUMAS.

CALAIS.

TYPOGRAPHIE DE TARTAR-CRESPIN, PLACE-D'ARMES.

Novembre. — 1861.

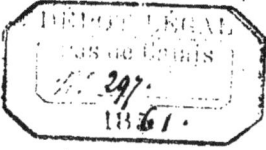

EUSTACHE

DE ST-PIERRE

ou

le dévouement des six Bourgeois de Calais

SCÈNE HISTORIQUE

PAR

PIERRE **DUMAS.**

CALAIS.

TYPOGRAPHIE DE TARTAR-CRESPIN, PLACE-D'ARMES,

Novembre. — 1861.

Qu'a prétendu l'auteur ? Faire une pièce ? Oh non ! Il aurait craint d'amoindrir l'intérêt du sujet en le noyant dans des détails que selon lui l'action ne comporte pas.

L'auteur est presque Calaisien, et comme poëte il devait le tribut de ses vers à la mémoire du courageux citoyen dont le dévouement fût sublime.

La jeunesse Calaisienne si digne de comprendre la pensée de l'auteur puisera dans ce tableau l'amour saint et sacré de la patrie !

Quant aux hommes d'expérience, l'auteur les prie de couvrir la faiblesse de son ouvrage de toute la pureté de ses intentions.

Calais, 28 novembre 1861.

L'AUTEUR :

P. DUMAS.

PERSONNAGES.

PERSONNAGES.	ACTEURS.
Edouard III, roi d'Angleterre	M. CARRIÈRE.
La reine Isabeau de Hainault	Mme BAUDOUIN.
Gautier Mauny, chevalier anglais	MM. SCIPION.
Eustache de St.-Pierre	BUREAU.
Jacques de Wissant.	
Pierre de Wissant.	
Jean d'Aire	Personnages muets.
2 autres bourgeois.	
Un officier français	M. DELMARRE.
Un officier anglais.	
Un officier sarde.	

Peuple, Chevaliers anglais, Soldats, etc.

EUSTACHE DE SAINT-PIERRE.

1347.

SCÈNE Irᵉ.

Eustache de St.-Pierre,—Gautier Mauny;—les 5 Bourgeois.

GAUTIER (1).

Salut nobles héros! Salut vaillants enfants !
Vos drapeaux, je le sais, ne sont plus triomphants ;
Mais le malheur ne peut ternir votre noblesse.
C'est une épreuve, amis... Que toute plainte cesse.
Le nombre vous accable... Il vous reste le cœur,
Et vous êtes plus grands cent fois que le vainqueur.

EUSTACHE.

Nous avons défendu notre chère patrie
Et lui sacrifions nos biens et notre vie.
Le sort nous donne un maître! et devant cet affront,
Enfants, sans murmurer, il faut courber le front!

---

(1) Gautier Mauny, chevalier anglais, dit au roi : « Gentil
« sire, veuillez refréner votre courage, vous avez renommée
« de souveraine gentillesse et noblesse ; or, ne veuillez faire
« chose pourquoi elle soit amoindrée, tous diraient que ce serait
» grande cruauté si vous étiez si dur que vous fissiez mourir ces
« honnêtes bourgeois, qui de leur propre volonté se sont offerts
« pour les autres sauver ».

(RÉCIT DE FROISSARD).

(A GAUTIER.)

Puis-je combattre encor? Mon armure est brisée;
Le sang ne coule plus de la veine épuisée !
Pour amortir les coups, je n'ai plus mon cimier,
Et l'écusson de France échappe au bouclier.

GAUTIER.

Vous devez y placer celui de l'Angleterre.

EUSTACHE.

La ville est au vainqueur.

GAUTIER.

C'est le droit de la guerre.

EUSTACHE.

Hélas! de nos bourreaux, et nous l'avons compris,
Le sang de six de nous devait être le prix (2).
Le choix fut-il douteux? Anglais, courbez vos têtes.
France, enorgueillis-toi!... les victimes sont prêtes!
De leurs sanglants bourreaux bravant la cruauté,
Elles marchent ensemble à l'immortalité!

SCÈNE II.

Les Précédents; — Edouard III,—la reine Isabeau,—
Seigneurs de la Cour,—Gardes.

EUSTACHE.

Edouard, je te rends les clefs de notre ville.
J'ai rempli mon devoir et mon cœur est tranquille.
Mon sort est dans tes mains..., prononce. Pour ceux-ci :

(2) Le cinquième et le sixième bourgeois furent tirés au sort,
parmi plus de cent qui s'apprêtent en voyant la générosité des
quatre premiers. C'est peut-être ce grand nombre qui a empêché
que les noms des 2 derniers ne se soient conservés comme ceux
des autres.

(MONTRANT LES 5 BOURGEOIS):

Ce sont mes compagnons... C'est le prix de merci!
Voilà le sacrifice affreux... mais volontaire,
Que la Victoire ici vient t'offrir pour salaire.
Calais, dans son histoire, à tous ses descendants
Inscrira l'holocauste offert par ses enfants!
Nous gravons dans nos cœurs le respect à nos maîtres.
Ce n'est pas dans Calais qu'il faut chercher des traîtres!
Dieu l'a voulu! Dans lui nous mettons notre espoir:
Nous sommes fiers aussi d'accomplir un devoir !
Nous réclamons la mort d'une voix unanime,
Le ciel s'ouvre pour nous!... A nos bourreaux... le crime!

ÉDOUARD.

Quel rang tenais-tu donc à la cour de ton roi?

EUSTACHE.

De tous mes compagnons, le plus humble... c'est moi!

ÉDOUARD.

Es-tu noble? Surtout réponds avec franchise.

EUSTACHE.

Je n'ai pas de blason... J'ai l'honneur pour devise.

ÉDOUARD.

Seul, j'ai conquis ces clefs... J'en refuse le don.
En me bravant, crois-tu mériter ton pardon?
Mais, rebelle, sais-tu que pendant une année (3),
J'ai maudit mille fois votre lutte acharnée.
C'est votre résistance et votre fol orgueil
Qui plongent en ce jour votre ville au cercueil!
L'hécatombe de tous appartient à ma gloire.
Mais mon cœur parle encore plus haut que ma victoire.

(3) Le siège dura un an : ayant commencé le 30 août 1346 et
fini dans les derniers jours du même mois en 1347.

Tous seront prisonniers ; mais de six d'entre vous,
Il me faut le trépas pour calmer mon courroux.
Le sang de mes guerriers réclame la vengeance !
Quant au reste.... il vivra pour bénir ma clémence.

EUSTACHE.

Ta clémence ! ce jour suffit pour la ternir.
L'histoire en gardera le sanglant souvenir !
Ordonne : car je suis, je veux bien te l'apprendre,
Courageux pour mourir.... lâche pour me défendre.

EDOUARD.

Je suis le petit-fils de Philippe-le-Bel (4).
Aux Français, Edouard saura faire un appel.

EUSTACHE.

Ils n'y répondront pas ! Ton orgueil britannique
Doit respect, Edouard, à notre loi salique (5).
Et jamais le Français que tu veux outrager,
Ne remettra la France aux mains d'un étranger !!

ÉDOUARD (avec ironie.)

Tous n'ont pas ta vertu..... Ton digne connétable (6),
En m'offrant son appui, n'est pas irréprochable.
Je le couvre aujourd'hui du poids de mon mépris,
Car de sa trahison il marchande le prix.
Que Dieu prenne en pitié, non son corps.... mais son âme.
Un homme qui se vend.... ce n'est qu'un homme infâme !

EUSTACHE (fixant Édouard.)

Et celui qui l'achète ?

ÉDOUARD.

Il propose un marché.

(4) Édouard III était par sa mère, Isabelle de France, petit-fils de Philippe-le-Bel.

(5) La loi salique prévalut, et du consentement unanime de la nation, le droit de Philippe de Valois, fut confirmé.

(6) Edouard III avait gagné le comté d'Eu, connétable de France il avait également négocié et même conclu des traités avec plusieurs grands du Royaume, notamment avec Godefroi d'Harcourt.

C'est l'honneur du vendeur qui seul est entaché !
As-tu tout dit ?

EUSTACHE.

Crois-moi, reste en paix dans ton île,
Ton trône est chancelant sur sa base d'argile.
Tu reçus de Namur trente mille soldats (7),
Dix-sept mille d'Ecosse, aguerris aux combats,
Ils passèrent la mer... et jamais sans la Flandre
A réduire Calais tu n'aurais pu prétendre.
Et qui fut le soutien de tes prétendus droits ?
Je vais te le nommer... ce fut Robert d'Artois (8).
Tu dis que la victoire en tous lieux t'accompagne ?
Quels furent tes succès en Guienne, en Bretagne ? (9)
Tu subis un échec aux portes de Cambrai
Dont tu levas le siège... et celui de Tournai.
Il fallait... j'en atteste ici tes gentilhommes
Pour soumettre Calais quarante-sept mille hommes !
Tu peux t'enorgueillir !!

EDOUARD, (se contraignant).

Toi, qui parle si haut
Et dont le souvenir n'est jamais en défaut,
De ton pays natal, tu hâtes la ruine.
A vous rendre qui donc vous força ?

EUSTACHE.

La famine !
Pour calmer notre faim dans ces cruels moments,
Nous avons eu recours aux plus vils aliments (10).

---

(7) Edouard reçut un renfort de 30,000 hommes que lui amenèrent le marquis de Juliers et le comte de Namur.

(8) Ce fut Robert d'Artois qui engagea le monarque anglais à entreprendre cette guerre.

(9) Edouard III n'avait eu aucun succès ni en Guienne, ni en Bretagne, ni même en Flandre, où il avait été forcé de lever le siège de Cambrai et celui de Tournai.

(10) Malgré toutes ses forces réunies Edouard ne put prendre la ville que par famine ; et les malheureux habitans mangèrent pendant plusieurs jours, les chevaux, les chiens; et même jusqu'aux chats et souris.

La faim ! sans ce fléau qui termina la guerre,
Jamais nous ne serions sujets de l'Angleterre !

EDOUARD.

Ta ville m'appartient....c'est là l'essentiel.

EUSTACHE.

Son pied est dans la tombe... et son front est au ciel !

EDOUARD.

Courage ! continue... Ah ! je suis magnanime,
Tu le vois... j'aurais dû déjà punir ton crime ;
Mais je veux mettre enfin un terme à mes bontés
Et rompre l'alliance avec des révoltés.

EUSTACHE.

Des révoltés ! c'est faux ! ton cœur n'est pas sincère,
La révolte, Edouard, exige le mystère,
Quant à l'honneur...

EDOUARD.

Eh bien ?

EUSTACHE.

L'honneur veut le grand jour !

EDOUARD.

Rebelle ! de nous deux chacun aura son tour,
La mort attend sa proie ! A cette heure suprême,
L'homme qui vous bravait souvent n'est plus le même.
Le calme sur ton front, n'est qu'un masque trompeur,
Le supplice t'attend !

EUSTACHE (avec calme).

J'y marcherai sans peur !

GAUTIER.

Sire, qu'avez-vous fait de votre renommée ?
Vous guidez aux combats une vaillante armée,
Vous triomphez ! Eh bien ? fier de votre valeur
Ne compromettez pas en ce jour votre honneur.
Cette ville vous crie au sein de sa détresse ;
Vaincre ses passions, c'est la seule noblesse !

EDOUARD.

Je veux de leur trépas qu'on fasse les apprêts,
Seul ici je commande... et les bourreaux sont prêts !

LA REINE.

Arrêtez ! ô mon Roi ! Grâce pour ta servante !
Je suis à tes genoux... Reine !... Mais suppliante.
Pour ces infortunés, grâce, Sire... Merci !
Je prie... et cependant je suis la reine aussi.
Que le pardon d'en haut sur leur tête descende ;
Plus le forfait est grand... plus la clémence est grande !
D'une guerre cruelle éteignons le flambeau.
Pour toi je ne veux plus être rien... Qu'Isabeau,
Qui soumit à tes lois l'Ecosse révoltée (11),
Qui par son noble époux désire être imitée.
Qui ne demande rien pour tout ce qu'elle a fait,
Qui saura dans son cœur garder un tel bienfait,
De répandre le sang on doit être économe.
Pitié ! pour qui sauva, Sire... ton beau royaume ;
De la vengeance ici mon cœur te tiendra lieu,
Car le pardon des rois, les rapproche de Dieu !

ÉDOUARD.

Cessez de supplier...la mort est leur refuge.

LA REINE (avec dignité).

Mais des rois à son tour, l'éternel est le juge !

ÉDOUARD.

A de vaines terreurs, vous voulez m'entraîner !

LA REINE (avec douceur).

Le Christ à ses bourreaux a bien su pardonner.

ÉDOUARD.

C'est l'arrêt du destin... il a parlé, Madame,

LA REINE.

Contre un injuste arrêt l'humanité réclame.
Est-on digne, Edouard, d'avoir le premier rang,
Quand on trempe à plaisir ses deux mains dans le sang.

---

(11) 17,000 anglais victorieux passèrent la mer à la suite de la Reine, après avoir battu sous les ordres de cette héroïne et fait prisonnier le roi d'Ecosse.

ÉDOUARD.

Je ne puis adoucir le sort de ces rebelles ;
Leurs offenses...

LA REINE.

Eh bien ? soyez au-dessus d'elles !

ÉDOUARD.

La guerre a ses rigueurs...

LA REINE.

La clémence a ses droits.
Ils sont inscrits, Seigneur, sur le bandeau des rois !

ÉDOUARD.

Reine ! vous oubliez la Majesté suprême,
Et ce long plaidoyer n'est, hélas ! qu'un blasphème.
Est-ce vous que j'entends ? Ces bourgeois de Calais,
Ont porté le trépas dans les rangs des Anglais ;
De mes preux chevaliers je déplore la perte,
De leurs débris sanglants cette terre est couverte.
Je triomphe ! et je dois leur sang à mes guerriers !

LA REINE (avec force.)

Ce n'est pas dans le sang qu'on cueille des lauriers !

ÉDOUARD (avec colère.)

Encor !

LA REINE (avec douceur).

Non, monseigneur... pardonnez à la reine,
Elle est femme... et son cœur ne connaît pas la haine.
Pitié ! mon Dieu ! Pitié ! mais vois mon désespoir :
Sur le trône avec toi quand je viendrai m'asseoir,
Au lieu du frais visage embelli par mes charmes
De ton épouse en deuil, tu trouveras les larmes.
La couche où nous goûtions les bienfaits du sommeil
Verra mon insomnie appelant ton réveil.
La pompe des palais, à mon cœur étrangère
Entendra les soupirs de ma douleur amère.

(avec calme.)

Suivez de votre cœur les décrets absolus.
Sire, pardonnez-moi... je ne menace plus!

ÉDOUARD (la prenant par la main).

La grâce a désarmé ma terrible vengeance,
Venez auprès du roi, je place la clémence.
Il serait trop cruel à moi de les punir!
Je leur pardonne, ô reine! Ils doivent vous bénir!

LA REINE (avec effusion.)

O mon roi! mon époux! cette faveur insigne
Entre tous vos guerriers vous nomme le plus digne!

LE THÉATRE CHANGE.

1855.

On voit au fond le buste de Napoléon III sur un piédestal.
Le peuple agite des drapeaux. C'est l'annonce de la victoire
de Sébastopol.

SCÈNE PREMIÈRE.

CHŒUR.

De deux peuples rivaux célébrons l'alliance.
La haine en frémissant disparaît sans retour!
Que le même laurier ombrage tour-à-tour
Le front de l'Angleterre et celui de la France!

Nous tenons, en nos mains, et la paix et la guerre.
L'union fait la force ! Ensemble désormais
A l'Europe qui tremble, allons dicter la paix;
Les peuples béniront la France et l'Angleterre !

On entend crier :

(Victoire ! Sébastopol est pris !)

SCÈNE II.

Un Officier Français. — Un Officier Anglais. — Un Officier
Sarde.

L'OFFICIER FRANÇAIS.

Honneur ! cent fois honneur à nos trois étendarts,
Sur ce noble trio que notre espoir se fonde,
Car tant qu'il frappera nos belliqueux regards,
Nous tiendrons dans nos mains la liberté du monde.

L'attente du triomphe enflammait tous les cœurs !
« Donnez-nous des soldats, des armes, de la poudre.
« A nous Sébastopol ! pour ses heureux vainqueurs,
« La victoire a marché plus vite que la foudre ! »

Hommage à nos drapeaux ! Dieu vient de les bénir !
Le moderne Attila voit fuir sa renommée.
Ta flotte ô Tzar, n'est plus que dans ton souvenir,
Et l'aigle d'Austerlitz plane sur la Crimée !

Guerriers inclinez-vous ! Passez nobles cercueils !
France ! vois les martyrs du destin des batailles;
Leur grande ombre tressaille, amis, dans leurs linceuils,
Et réclame de nous d'illustres funérailles.

Mânes appaisez-vous ! on prépare l'autel,
Le prêtre vous attend au seuil du sanctuaire,
Prions avec ferveur.... pour monter jusqu'au Ciel,
Qu'un pli de nos drapeaux leur serve de suaire !

Et toi Peuple Français, témoin de ces hauts faits
Du trône Impérial, reconnais l'influence,
Admirons tous la main qui répand ces bienfaits.
L'ombre de l'Empereur veille encor sur la France !

(Reprise du Chœur).

FIN.

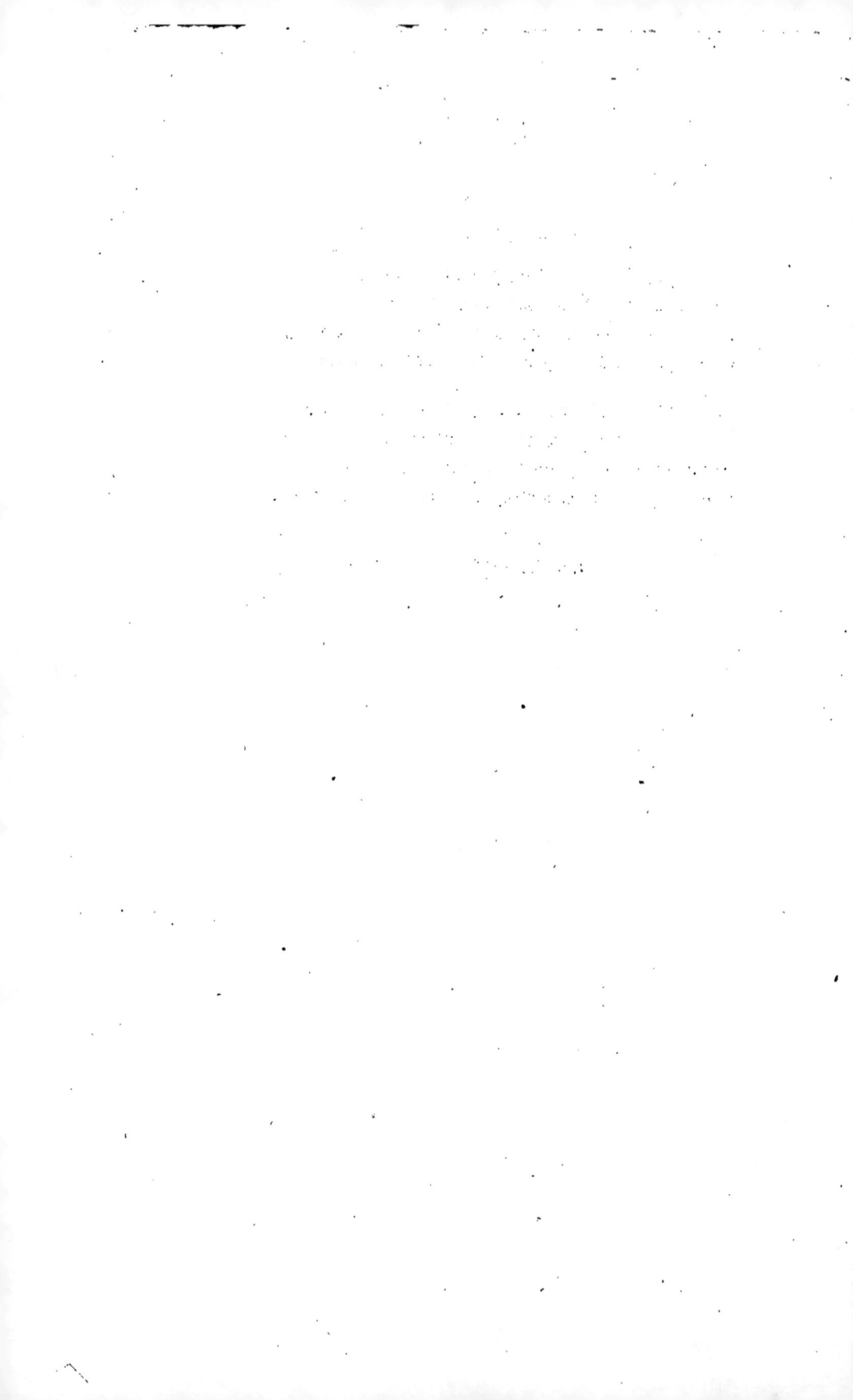

www.ingramcontent.com/pod-product-compliance
Lightning Source LLC
Chambersburg PA
CBHW050403210326
41520CB00020B/6442